언어의 명작

A Masterpiece of Language

언어의 명작

발행 2020년 5월 19일

지은이 심하보
발행인 윤상문
디자인 이보람, 박진경
발행처 킹덤북스
등록 제2009-29호(2009년 10월 19일)
주소 경기도 용인시 기흥구 동백동 622-2
문의 전화 031-275-0196 팩스 031-275-0296

ISBN 979-11-5886-182-7 (03230)

Copyright ⓒ 2020 심하보
이 책은 저작권법에 따라 보호받는 저작물이므로 무단전재와 복제를 금지하며,
이 책의 내용의 전부 또는 일부를 이용하려면 반드시 저작권자와 킹덤북스의
서면 동의를 받아야 합니다.

※ 잘못된 책은 구입하신 곳에서 교환하여 드립니다.
※ 책 가격은 표지 뒷면에 있습니다.

 킹덤북스(Kingdom Books)는 문서사역을 통해 하나님의 나라를 확장하고, 한국 교회와 세계 교회를 섬기고자 설립된 출판사입니다.

심하보 목사 신앙 명상집

언어의 명작

심하보 지음

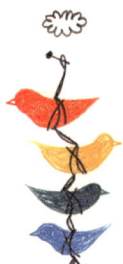

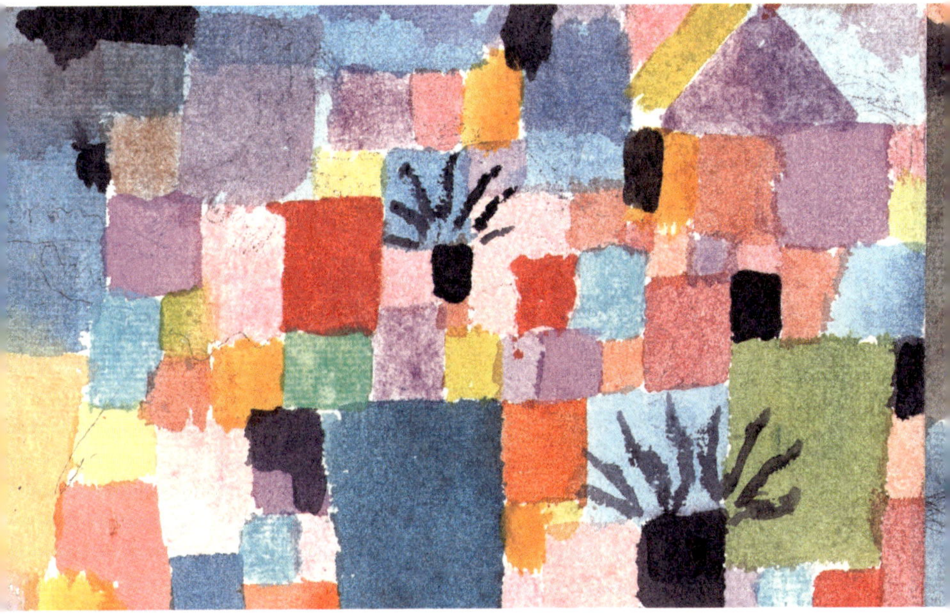

A Masterpiece of Language

킹덤북스
Kingdom Books

프롤로그

구슬이 서말이라도 꿰어야 보배란 말이 있습니다.
그동안 은혜로 받은 말씀들이 내보기엔 구슬같아서
조그만 종이에다 꿰어 보았습니다.

꿰어 놓았으나 역시 아름답지 못한 구슬이라
가짜 구슬 목에 걸고 뽐내는 기분이라 얼굴이 달아오릅니다.
그러나 꿰어 놓은 구슬이라 뺄 수 없어 그냥 묶었습니다.

지금은 어려워도 미래를 꿈꾸며 마음의 풍요를
생각하시는 분들에게 예쁘지 않은 구슬이지만
드리고 싶습니다.

원고를 정리해 주시고 기념작으로 만들어 주신 킹덤북스(Kingdom Books) 대표 윤상문 목사님과 못난 구슬을 좀더 예쁘게 단장해 주시느라 영작을 해주신 강대호 전도사님께 감사를 드립니다.

2020년 5월
지은이 심 하 보

Prologue

There is a word saying, "Though three bags full of beads are there, if not threaded, they cannot be the jewel."
Those words granted by God's grace so far looked like beads to me so I tried to thread them on the small piece of paper.

After being threaded however, they don't look like beautiful beads after all, so the memory of fafter wearing that imitated necklace makes me blush. Anyhow, I decided to bind them as they had been threaded already and I couldn't have the heart to unthread them.

For those who are in difficulties now but still dreaming the future and seeking the richness of their mind, I would like to present these beads though they may not be the most beautiful ones.

In addition, I am grateful to Rev. Sang Moon Yoon, the president of the Kingdom Books, who arranged my manuscript to put together this masterpiece, and also to Pastor Dae Ho Kang who translated it into English to decorate these plain beads more beautifully.

May 2020, Rev. Ha Bo Shim

차 례

Prologue · 4

Part 1.
좋으신 하나님 · 9
O'wonderful God

Part 2.
주어라 또 주어라 · 61
Give and give again

Part 3.
아름다운 삶 · 109
The beautiful life

Part 4.
하면 된다 · 135
You can achieve it

Part 5.
우리는 하늘나라 국민이다 · 171
We are the people of the Heaven

Part 6.
주님과 함께 사는 삶 · 195
Living the life with the Lord

Part 1.

좋으신 하나님

O'wonderful God!

외쳐라!
올해는 나 위해 있는 해라고

Shout!

"This year exist for me!"

투덜 거리에서 살지 말고
감사의 거리로 이사하라.

Do not live in the grumbling street,

but move to the thankful street.

지금 어려워도
마음의 풍요를 언제나 생각하자.

Although you are in difficulties now

always seek the richness of your mind.

시간은 생명이다.
허송세월 하는 것은
자기 생명을 흘러 보내는 것이다.

Time is life.

To waste time is to trickle away your life.

하나님께서 명하시지 않는 일은
선한 일이라도
좋은 결과를 가져오지 않는다.

All the works without God's order,
no matter how good it is,
cannot produce good results.

아무데서도 오라하지 않고
아무데서도 갈 곳이 없으면
어디든지 가면 된다.
복음을 들고 말이다.

Even if no one asked you to come and
there is no place for you to go,
you can go anywhere with the Bible in your hand.

어떤 말을 하느냐
어떤 말을 하는 사람을 만나느냐
어떤 말을 듣느냐가 인생을 좌우한다.

What kind of words do you say?
What kind of person do you meet?
The kind of words you hear command your life.

하나님 없는 노력은 성공같으나
결국은 실패다.

All efforts without God, though they may look successful, fails in the end.

밤이 깊으면 깊을수록
새벽이 가까와 온다.

As the night becomes deeper,

the dawn draws nearer.

깨우쳐 주시는 하나님
용기를 주시는 하나님
꿈을 주시는 하나님
좋으신 하나님

God who awakens us,

God who gives us encouragement and dreams,

0, wonderful God!

닭은 알을 낳아 놓고 낳았다고 소리지른다.
결국 남이 가져가 버린다.

A hen shouts as it lays an egg,
In the end, it will be taken away by others.

아무 일을 안해도 시간은 흐른다
수도물을 쓰지도 않으면서
틀어 놓는 사람 있을까?

Time is passing away even if
you are not doing anything.
Would anyone leave the water tap on when
it is not in use?

믿음이 있으면 사용하라.
그 믿음이 기적을 만든다.
믿음으로 기도했으면 결과를 기다리라.

If you have belief, use it.

That belief will create a miracle.

If you have prayed in belief, wait for the result.

낙엽이 아무리 나무에 붙어있고 싶어도
계절이 용납하지 않으며
우리도 아무리 세상에 있고 싶어도
세월이 용납지 않는다.

No matter how the autumn leaves wish to
remain on the tree, the season does not allow it
And no matter how we wish to live in this
world for long, the time does not permits it.

보리떡을 든 어린아이를 찾아라.
찾다가 못 찾으면
내가 보리떡을 든 아이가 되자.

♥

Try to find out a child with barley cake in his

hand, if unsuccessful, be that child.

가나안을 가려면
강하고 담대하라.

If you wish to go to Canaan,

be strong and courageous.

하나님은 나를
그 무엇과도 안바꾸신다.
나도 하나님을
그 무엇과도 바꿀 수 없다.

God never trades us with anything.

I also cannot barter God with any other.

내가 변한
유일한 증거는
내 중심이 하나님 중심으로
변한 것이다.

The only evidence to prove my change is
the fact that my life has been reformed from
self-seeking one to the God-oriented one

하나님 앞에서 도망칠 수는 있다.
그러나 숨을 수는 없다.

You can escape from the face of God,
however you cannot hide from Him.

나는 죄를 지었기 때문에 죄인인가?
죄인이기 때문에 죄를 짓는가?

Am I a sinner because I have committed sin?
Or do I commit sin because I am a sinner?

당연히 해야 할 일을 안하면
당연히 되어야 할 사람이 못 된다.

If you do not do what you have to do,
you cannot be the one who you have to be.

주님의 교회와 운명을 같이하자.

Let's throw in our lot together with the
church of God.

하나님은 함께 일할 동역자를 찾고 계신다.
내가 여기 있나이다. 나를 보내소서.

God is looking for someone to work together.
O Lord, I am here at your disposal.

신자는 하나님과 동업하는 사람이다.

A believer is the person who runs the
business together with the God.

우리의 육신은 하기에 따라서
우리 영혼을 지옥에도 보낼 수 있고,
천국에도 보낼 수 있다.

The destination of our spirit,

either Heaven or Hell,

is dependent upon the deeds done by our body.

귀 있는 자는
성령이 교회들에게 하시는
말씀을 들을지어다
(요한계시록 2:11)
귀 없는 사람은 없다.

He who has an ear, let him hear

what the Spirit says to the churches.

(Revelation 2:11)

No one has no ears.

신앙인은 오라는 데는 없어도
갈데가 많은 사람이다.

The believer is the one who is invited by no one,

but who has a lot of places to go.

십자가 앞에서 힘을 모아라
그것이 진짜 힘이다.

Exert you whole strength in front of the Cross,

that is the true power.

지혜 없는 자는 그의 이웃을 멸시하나
명철한 자는 잠잠하느니라
두루 다니며 한담하는 자는 남의 비밀을 누설하나
마음이 신실한 자는 그런 것을 숨기느니라
(잠언 11:12-13)
나는 누구인가?

Whoever belittles his neighbor lacks sense,
but a man of understanding remains silent.
Whoever goes about slandering reveals secrets,
but he who is trustworthy in spirit keeps a
thing covered.
(Proverbs 11:12-13)
Who am I?

성공자는 자신을 투자하고
실패자는 약속만 만들뿐이다.

A successor invests himself and a failure only
makes promises.

나 때문에 일이 지연되는 것보다
나 때문에 일이 속히 시행되도록 하자.

Do not make yourself be the cause of delay
but let yourself be the cause of quick completion
of the work.

나의 마음 하나님의 성전
내 잘못으로 마귀의 작업장이 될 수가 있다.

My heart is the Sacred Hall,
However it can become a Satan's workshop
by my fault.

하나님은 이웃집 아저씨가 아니고
바로 나의 아버지이시다.

God is not an uncle in your neighbourhood

but my very Father.

십자가의 고통 뒤에 부활의 영광이 있다.

After the pain of the Cross,

there is a glory of the resurrection.

할수 있다. 하면 된다. 해보자.
오두 주안에서

We can make it, we can accomplish it.

All in the Lord.

어두움은 빛이 오면 물러가는 것이다.

When the light comes, the darkness retreats.

고난에는 뜻이 있다.

All sufferings carry meaning.

걱정하지 말라
하나님의 결과는 좋은 결과이다.

Do not worry,
God's result is always a good one.

내가 주께로 전도하지 않으면
내가 세상으로 전도 당한다.

♥

If you do not guide others to God,

you would be seduced to the world.

나를 보고 계시는 하나님
내 기도를 듣고 계시는 하나님

The Lord, who is watching me,

The Lord, who is listening to my prayer.

사막은 언제나 사막이다.
올라간 것이 없으니 내려올 것도 없다.

A desert is always a desert.
Nothing will descend, for nothing
has ascended.

불가능에의 도전
장애자들도 해내는데 우린 장애자도 아니다.
도전. 도전. 도전. 불가능에 도전.

Challenging the impossible.

Even the disabled can do it, why shouldn't

we be able to?

Challenge, Challenge, Challenge the impossible.

주님 내게 오시면 나 무엇 말할까?

When the Lord comes to me, what shall I say?

십자가를 믿는 자만 되지 말고
십자가를 지는 자가 되며
십자가를 전하는 자가 되자.

Don't only believe the Cross,
but be the one who carrys it on your back
and be the one who propagates it to the world.

천국은 감사하는 자들의 것이요
지옥은 불평하는 자들의 것이다.

The Heaven belongs to the contended and
the Hell belongs to the discontented.

죄인이 의인 되고, 종이 아들 되는 것
이것이 바로 기독교이다.

That a sinner becomes a righteous person
and a slave into a son is the Christianity.

준비된 자에게만 기회가 오는 법이다.

Chance is given only to the one who is ready to hold it.

자기에게 인색하고, 남에게 후한 사람이
진정한 구두쇠이다.

The one who is stingy to himself and

generous to others is a real miser.

우리에게 반드시 있어야 할 것은?
나사렛 예수의 이름뿐이다.

What we must have in ourselves is only the

name of Jesus Christ of Nazareth.

Part 2.

주어라 또 주어라

Give and give again.

꿈이 없는 민족은 망한다.
꿈이 없는 개인도 망한다.
꿈을 갖자 큰 꿈을 갖자.

People without dream shall collapse.

Person without dream shall collapse too.

Let's have a dream, a great dream.

물고기는 물속에서만 진정한 자유가 있다.
신앙인도 신앙안에서만 진정한 자유가 있다.

Only in the water,

a fish can enjoy true freedom

Only in the faith,

a believer can enjoy true freedom.

하나님께 무릎 꿇지 않으면
사람에게 무릎 꿇게 된다.

If you do not kneel down to God,
you are going to kneel down to a man.

하나님을 멀리하고
형통한 사람 없고
하나님을 가까이하고
절망한 사람 없다.

No one keeping himself away from God
has ever succeeded and, no one keeping company
with God has ever despaired.

좁다가 넓어지고 어둡다가 밝아지는 십자가의 길

The way of the Cross is narrow but becomes
wider, is dark but becomes brighter.

하나님을 다같이 믿는다고 하지만
각 사람의 신앙은 각각 다르다.

Everyone says he believes in God
but each one's belief is not the same.

예수는 사대성인 중 한 분이 아니라
성인들도 섬겨야 할 하나님이시다.

Jesus Christ is not one of the four sages but
is God whom the other sages must serve

오든 만물은 귀가 있어 믿음의 말을 듣는다.

All creation hears the words of faith through their ears.

염려는 하나님께로서 오는 것이 아니고
내가 스스로 만든 태산이다.

The worry does not come from God
but is a high mountain made by myself.

땅끝까지 못가도 좋다.
내 주위부터 전도하면 된다.

Even if I cannot get to the ends of
the earth, I will not despair.
I can start preaching the Gospel from
my neighbourhood.

하나님이 몰라서 참는 줄 아는가

Do you think God is patient because

he does not know?

사람은 사람의 약점만 보지만
하나님은 그 사람의 장점만 보신다.

A man looks at other's weaknesses,
but God only looks at the man's
strong points.

내가 당하는 환난 하나님이 모르시는 것 없고
내가 받은 축복 하나님이 안 주신 것 없다.

Not a single suffering I've faced is
there that God does not know, not a single blessing
I've got is there that is not granted by God.

기독교는 환경을 초월할 수 있으니
신자는 환경을 초월하여야 한다.

Christianity is able to rise above its surroundings so a christian should also stand above his surroundings.

자기의 원수는 타인이기 전에 바로 자기 자신이다.

Your enemy is not another person but your self.

준비된 자에게만 기회가 오는 법이다.

The opportunity is available only for

the one who is prepared.

알고도 행치 못하는 사람이 있고
모르고도 행하는 사람이 있다.

Some act even though they have no knowledge,
Some cannot act even though they have knowledge.

자기의 짐을 자기가 지면
세상에는 짐이 하나도 없다.

If everyone bears his own burden.

no burden remains in the world.

가장 어리석은 사람은
자기를 속이는 사람이다.
가장 현명한 사람은
스스로에게 진실한 사람이다.

The most stupid person deceives himself.

The most intelligent person is

one who is honest to himself.

나 때문에 안되게 하지 말고
나 때문에 되게 하자.

Do not make it fail due to me,
but make it successful due to me.

시간은 생명이다.
허송 세월하는 것은
자기 생명을 흘려보내는 것이다.

Time is Life

To waste time is to trickle away your life.

주어라 또 주어라
아무리 주어도 손해나지 않는
사랑을 말이다.

Give and give again your love,
that will not bring you any loss
no matter how much you give.

기도 없는 하루는 실패하는 하루일 수 있다.

A day without prayer may become a failed day.

믿음을 말하기 위해서는 사람을 모아라.

If you want to talk about faith,

gather the people first.

구원은 믿기만 하면 받는 무조건적 은혜요.
부요는 봉사하므로 받는 조건적 축복이다.

Salvation is an unconditional blessing which
is given if you just believe in Jesus Christ.
Wealth is a conditional blessing which is
given if you render a service.

아무것도 할 일 없을 때 참으로 할일이 있다.
그 일은 성경을 읽으며 기도하는 일이다.

When you have nothing to do, what you
really have to do is to read the Bible and
pray to God.

부귀, 공명, 권세는 마음에 평화를 잃는
인생이 추구하는 신기루이다.

Wealth, rank, fame and power is a mirage

which a man who has lost peace in his heart

is seeking after.

모든 만물은 믿음의 말을 들은 귀가 있다.

All kinds of creation have ears to hear the words of faith.

사랑의 의미는 희생이요,
사랑의 결과는 죽음이다.
그리스도는 사랑 그 자체이다.

The meaning of love is sacrifice

and the result of love is death.

Jesus Christ is the love itself.

나 한 사람이 모든 일을 다 할 수는 없지만
적어도 한 가지 일은 할 수 있을 것이다.

I cannot do all kinds of work by myself,

but I can do at least one kind of work.

우리의 인생은 살아가는 것이 아니라
죽어가는 것이다.
죽어가는 그곳에서 살 길을 찾아라
오직 예수.

Our life is not in the process of living but dying.

Find out the way to live in that process of dying;

That is only Jesus Christ!

기도하는 사람, 순종하는 사람, 충성하는 사람,
모두 훌륭한 믿음의 소유자들이다.

A praying one, an obedient one and a faithful one,

they are all great believers.

그는 나를 미워해도
내가 그를 사랑하는 것이 참사랑이다.

If you love him despite of his hatred for you,
that is true love.

꼭 해야 할 일을 믿음으로 하라.
누가 뭐래도 믿음으로 하라.

With belief do the work which should be done.

Do it with faith, whatever others may say.

가장 어리석은 자는 자기를 속이는 자이다.

The most stupid one is
the one who deceives himself.

기도는 하나님과 나 사이를 연결하는
휴즈선이다.

A prayer is the fuse connecting God and me.

모든 일에 하나님과 동업하라 그리하면 성공한다.

Do all kinds of business in partnership with
God, then you will be successful.

사울은 연단받지 않고 왕이 되었고,
다윗은 시련 받은 후 왕이 되었다.
누가 더 오래 왕노릇 했나?

Saul became a king without undergoing hardships
but David was throned after enduring the trials.
Who was on the throne longer?

무엇을 하던지 최선을 다하라.
좋은 결과는 최선을 다 한 자에게 온다.

Do your best whatever you do.
The good result will come to the one
who has done his best.

감각의 소리를 듣지 말고
하나님의 음성을 들어라.

Do not hear the sound of sense but hear

the voice of the God.

하나님으로부터 사죄를 받으려면
내가 먼저 남을 용서해야 한다.

If you wish to be pardoned by God,

you must pardon others first.

아무것도 할일 없을 때 참으로 할 일이 있다.
그것은 기도하는 일이다.

When you have nothing to do at all,
there is one thing you have to do indeed,
that is to pray to God.

환난을 겪어보지 않는 신자는
전쟁 경험이 없는 군인과 같다.

A believer who didn't experience hardships,

is same as a soldier without war experience.

사랑은 만능
사랑은 만병통치 약이다.

The love is almighty.
The love is a remedy for all kinds of illness.

하나님은 웅변가 아론보다
온유한 모세를 종으로 삼으셨다.

God chose gentle Moses as a servant

rather than the orator Aron.

Part 3.

아름다운 삶

The beautiful life.

올해라는 화폭이 있다.
올 한해 아름다운 삶의 그림을 그려 나가자.

Here is a canvas called "This Year"

Let us draw a beautiful picture of life

for this year.

인간은 살아가는 것이 아니라
주어진 평생을 죽어가는 것이다.

A human being is not living
but is dying during his given lifetime.

건강해서 일하는 것이 아니고
일하면서 건강해지는 것이다.

You are not working because you are healthy

but you are becoming healthy

while you are working.

축복을 받기 원하는 자는 많으나
십자가를 지기를 원하는 자는 적다.

A lot of people want to be blessed
but a few people want to bear the Cross.

믿음을 가질 때 죄인이 의인되고 종이 아들 된다.

When one is in possession of belief
a sinner becomes a righteous person
and a servant becomes a son.

기도는 불가능을 가능케 하고
기도는 가능한 것을 속히 이룬다.

The prayer makes the impossible possible,
and the prayer quickly achieves the possible.

진실한 크리스천만의 세계라면
세상은 하루 아침에 일변 할 것이다.

If the world consists of only sincere Christians,

it will be completely changed in a day.

대접을 받고자 하는 마음이 없는 사람은 누가
어떻게 하여도 섭섭해 하지 않는다.
남을 대접하는 것으로 기쁨을 삼기 때문이다.

The one who has no interest in his mind to

be served would not be disappointed,

however badly he is treated by others,

For it is his joy to serve the others.

십자가는 구원이요 영광이요 축복이요 평안이요
부활이요 최후의 승리이다.

The Cross is our salvation, glory, blessing, peace,
resurrection and ultimate victory.

물을 것이 있으면 먼저 자기에게 물어보라.
그리고 자기가 그 질문에 대답해 봐라.

If there is something you want to ask,

ask it to yourself first

and try to answer it by yourself.

남의 말 내가 하면 그 말이 돌아오고
남의 흉 내가 보면 나도 흉을 잡힌다.

If you say a word about others,

that word will be returned to you,

If you speak ill of others,

you will be spoken ill of by others too.

그래도 고물상의 고철 쓰레기는 목적이 있는데
인생에게 있는 쓰레기는 목적이 없다.

Even the steel scraps in the second-hand

shop have purposes,

but the dregs in life have no purposes at all.

천국을 모르는 자는 마음의 고향을 잃은 나그네이다.

The one who not know the Heaven is a wanderer
who has lost his home in his heart.

발끝을 세우고 서 봐야 오래 서 있지도 못한다.

Even if you stand on your toes, you cannot keep

standing for long.

오늘의 내 생활이 내일의 예언이다.

My life today is a prediction of tomorrow.

십자가는 원래 목에 거는 것이 아니고
등에 지는 것이다.

Originally the Cross is not for hanging on your
neck but for bearing on your back.

교회는 인생의 어려움을
살짝 피하는 장소가 아니다.
그것에 직면할
힘과 용기를 제공해 주는 곳이다.

The church is not a place for you to escape from
the difficulties in life, but a place to provide
you with strength and courage to face it.

양심을 떠난 믿음 그것은 위선이요
믿음을 떠난 양심 그것은 탈선이다.

A belief without conscience is a hypocrisy and
a conscience without belief is a deviation.

불신자는 마귀와 동업하고
신자는 하나님과 동업한다.

The unbelievers run their business together
with Satan, but the believers run them with God.

변질되어 가는 신앙, 책망을 싫어하는 마음,
책임을 전가하는 마음, 감사를 잃어가는 마음.

A faith in deterioration

A mind hostile towards rebuke

A mind shifting its responsibility to others

A mind losing gratitude.

충성도 하다가 중단하면 아부가 되고
아부도 죽을 때까지 계속하면 충성이 된다.

If you stop being faithful, it becomes flattery

and if you keep on flattering until you die,

it becomes faithfulness.

구약의 중심이 하나님을 경외함에 있고
신약의 중심은 우리 주 예수님을 믿음에 있다.

The focus of the Old Testament is
to stand in awe of God,
the focus of the New Testament is
to believe our Lord Jesus Christ.

너희 생명이 무엇이뇨
너희는 잠깐 보이다
없어지는 안개니라
(야고보서 4:14)
내가 안개로 사라질 순 없다.

For what is your life?

It is even a vapour,

that appears for a little time,

and then vanishes away.

(James 4:14)

I cannot disappear into the fog.

Part 4.

하면 된다

Yon can achieve it.

가능한 것만 믿는 것
보아야만 믿는 것
이것은 믿음이 아니다.

To believe only a feasible thing,
to believe only after seeing it,
that is not a belief.

어리석은 사람은 받을 준비도 없이
축복을 갈망하고 있다.

A stupid person longs for a blessing

without preparation to receive it.

성령이 충만할수록 하나님은 그 사람을
보다 영적인 일에 사용하신다.

As a person is filled with the Holy Spirit.
God uses him for more spiritual work.

어린아이는 장검의 대검을 들려주어도
그것을 사용할 수가 없다.

Even though a long sword is given,

a child cannot use it.

기도 없이 하는 일은 기초 없이
집짓는 것과 같다.

♥

Any work being done without prayer is same

as a house being built without foundation.

기도 없는 하루는 승리 없는 하루다.

A day of no praying is a day of no victory.

어린아이들은 부모 슬하에 있는 한
환경을 문제시 하지 않는다.

The children, as far as they are under the care
of parents, do not see environment as their problem.

죽은 자에게는 수치도 자랑도 없다.
신자는 세상에 대하여 죽은 사람이다.

The dead have no shame and pride.
A believer is dead to the world.

참으로 주님을 사랑하는 사람은
모든 것을 다 드리고도
희생이라고 생각지 않는다.

The true lover of the Lord
is the one who offers everything
but doesn't regard it as a sacrifice.

땅의 소망 사라지면
하늘의 소망 솟아난다.

When the desire of the Earth disappears,

the desire of the Heaven will spring up.

하나님을 모르는 자는 영혼의 고아요
천국을 모르는 자는 고향 잃은 나그네다.

The one's soul who does not know God is an orphan,
The one who does not know the Heaven is a
wanderer who has lost his home.

할 수 있다.
하면 된다.
해보자 반드시 주님 안에서만.

You are able to do it.

You can achieve it.

Let's try to do it but always in the Lord.

국가 없는 민족은 있지만 민족 없는 국가는 없다.
국가를 위해 백성을 천대하면
그 국가가 서 있을 수 있을까?

There is a race without nation but there is

not a nation without a race.

If the people are ill-treated for the nation,

can that nation remain standing?

하나님도 기억하시지 않는 회개한 죄를
억지로 내가 기억할 필요가 없다.

You don't need to forcibly remember a repented sin
which is forgotten by God.

우리에게 반드시 있어야 할 것은
은과 금이 아니라
나사렛 예수의 이름이다.

What we must keep in ourselves

is not the gold and silver

but the name of Jesus Christ from Nazareth.

자손에게 물려 줄 영원한 유산은 믿음뿐이다.

Belief is an only everlasting legacy
we should hand over to our descendants.

내가 할 수 있는 최선의 방법은 기도뿐이다.

The best way I can use is prayer.

어린아이가 의자 위에 선다고 해서
아빠보다 큰 것이 아니다.
키가 커야 큰 것이다.

Even if a child stands on the chair,

he is not taller than his father.

To be really tall,

his height needs to grow.

가령 내가 남을 비판한다고 하여도
어디까지나 내 표준에 의한 것이지
하나님의 표준에 의한 것은 아니다.

Even if I criticize the others,
it is done according to my standard,
not God's standard.

거울이 흐리면 만물이 잘 비취지 아니하듯
마음이 어두우면 사리를 판단할 수 없다.

Just as a dim mirror cannot clearly reflect all creation,

a dark mind cannot make clear judgment.

경쟁을 했으면 이겨야 한다.
경쟁에서 낙오되면
낙오자들만의 경쟁이 또 있게 마련이다.
승리의 비결은
최선과 자기 희생에 있다.

Once you compete with others, you must win.
Once you drop out of the competition,
you must compete again among the failures.
The secret to victory
lies in your best efforts and self-sacrifice.

기도는 만능열쇠다.
만능열쇠라도 믿고 사용하는
자에게만 열린다.

Prayer is a master key but it works only
to those who believe and use it.

하나님은 신앙의 대상이지
연구의 대상이 아니다.

God is the subject of belief,

not a subject of study.

천당에 가는 길 험하여도
지옥에 가는 길 더 험하다.

The road to Heaven is quite tough
but the road to Hell is much tougher.

가장 가까운 길은 진리의 길이다.

The nearest route is a route of the truth.

가난 중에 가장 큰 가난은 믿음 없는 가난이다.

The biggest poverty among all poverty is
a poverty without belief.

죄를 범하면 양심에 고통이 오지만
참회하지 아니하면 그 양심이 죽는다.

Once you commit sin,

you feel pain in your conscience

but if you are not penitent,

that conscience will die.

모든 생물은 죽으면 눕는다.
그러나 나무는 눕지 않는다.
뿌리가 깊기 때문이다.

All creatures lie down when they die,

but the trees do not lie down,

for they have deep roots.

엿새 동안 힘써 일하지 않는 자는
안식일에도 쉴 자격이 없다.

Those who do not work hard during week days
have no right to take a rest in the Sabbath.

오래 참는 것이란
하나님의 허락이 있을 때까지
참는 것을 말한다.

Endurance means to have patience

until you get a permission from God.

핍박은 신앙의 그림자요
성결은 고난의 그림자이다.

Persecution is a shadow of belief,

Purity is a shadow of suffering.

경건은 자신의 미덕이요,
구제는 타인에 대한 동정이요,
기도는 하나님에 대한 의무이다.

Piety is a virtue of oneself,

Relief is a sympathy for the others,

Prayer is an obligation to God.

사람이 가장 성결해졌을 때도
사람은 여전히 죄인이다.
하물며 방자한 생활을 했을 때야
어떻겠는가?

Even when a man is most holy, he is still a sinner.

How much more if he lived an indulgent life?

Part 5.

우리는 하늘나라 국민이다

We are the people of the Heaven.

하나님은 어찌하여 침묵하는가?
이미 독생자의 말씀으로 대답하였기 때문이다.

Why does God keep silence?
Because he already responded to us with
Jesus Christ and His words.

만남을 기다리는 이들에게
예수 그리스도를 만나게 해주자.

To those who are waiting,

let's give them a chance to meet Jesus Christ.

하나님을 전적으로 의지하라.
그리하면 하나님의 계획이
시기에 맞게 나를 찾아 올 것이다.

Rely entirely on God then God's

plan will visit you at proper moment.

이 땅 위에서 필요 없는 자는
사실 하늘에서도 쓸모가 없다.

If someone is of no use in this earth,

in fact, he is useless in the heaven as well.

흐르는 물이 낮은 곳으로 흐르지만
막히지 않는 곳으로 흐른다.

Running water flows downward

but towards a open place.

이국 사람은 이국인 긍지를 갖는다.
영국 사람은 영국인 긍지를 갖는다.
우리는 그들보다 더 큰 긍지를 갖는다.
우리는 하늘나라 국민이다.

The Americans have an American dignity.

The British have a British dignity.

We have a greater dignity than them.

We are the people of the Heaven.

성도의 고난이 시작될 때
거기에 하나님의 영광을
잉태했다고 생각하고
참고 인내하라.

When believer's suffering begins,

be patient and endure,

imagining that the glory of God

has been conceived in it.

절제는 자동차의 브레이크와 같다.
브레이크 없는 차를 한번 생각해 보라.

Self-control is like the brake of a car.

Imagine a car with no brake!

감사하는 사람에겐
매사가 감사로 귀결되고
불평하는 사람에겐
모든 일이 불만으로 끝이 난다.

For a man of gratitude, every matter concludes in appreciation, but for the person of discontent, every matter is completed in dissatisfaction.

효도하는 악인 없고 불효하는 선인이 없다.

There is not a wicked one obedient to his parents
and there is not a virtuous one disobedient
to his parents.

사랑은 모든 것을 믿는 것이다.
믿다가 속을지라도 믿는 것이 사랑이다.

Love is to believe everything.
Though that belief can be cheated,
to believe is love

심는다고해서 물을 준다고해서
다 자라는 것이 아니다.
하나님이 생명을 주셔야만 자라나는 것이다.

Planting and watering does not ensure growth.
It cannot grow unless the life is given by God.

내 과거 내 현재 내 미래를
하나님은 나보다 더 잘 아신다.

My past, my present and my future,

knows God better than I.

나 같은 죄인이 구원 받았다는 사실은
만민이 구원 받을 수 있다는 증거요
나를 먼저 구원하심은
이 일 때문 아닐까?

The fact that a sinner like myself has been saved

is the evidence that everybody can be saved.

Perhaps for this God may have saved me first?

여호와께서 집을 세우지 아니하시면
세우는 자의 수고가 헛되며
여호와께서 성을 지키지 아니하시면
파수꾼의 경성함이 허사로다
(시편 127:1)
그러니까 하나님께 맡겨라.

Except the Lord build the house, they labour in van

that build it : except the Lord keep the city, the

watchman wakes but in vain

(Psalms 127:1)

So leave it to God.

천지를 지으신 여호와께서
시온에서 네게 복을 주실지어다
(시편 134:3)
명령대로 될지어다.

The Lord that made heaven and earth

bless thee out of Zion.

(Psalm 134:3)

Be at your command.

형제의 허물을 살피는 눈은 사탄의 눈이요
형제의 노고를 살피는 눈은 성도의 눈이다.

The eye watching brother's fault is that of Satan
and the eye watching brother's labour is
that of a believer.

전도하러 가는 길에 성령님이 함께하고
짝알곡 맺을 때에 주께서 기뻐한다.

On the way to preach the Gospel,

In company is the Holy Spirit,

Upon producing pair-grains,

Delighted will be the Lord.

내가 교회에 나오고 내가 예수를 믿는 것은
기적중의 기적이다.

The fact that I have joined the church and

believed in Jesus Christ

is the miracle among all miracles.

가난 중에 큰 가난은 믿음 없는 가난이요.
봉사 없는 가난이다.

The biggest poverty among all poverty is
a poverty without belief and service.

마귀는 우리가 형통할 때 질투하지만
하나님은 우리가 죄악으로 불행해질 때
질투하신다.

Satan is jealous of us when we are prosperous
but God is jealous when we are unfortunate
because of the sin.

성령으로 시작하고 마귀로 마치지 말자.

Once you have started with the Holy Spirit,
do not finish with the Devil.

Part 6.

주님과 함께 사는 삶

Living the life with the Lord

아침에 알람 소리에 눈을 떴다면
그건 내가 아직 살아있다는 증거다.

If I wake up to the alarm sound,

then it is a proof that I am still alive.

밥을 먹을 땐 맛있게 먹어라 밥이 보약이다.
맛있게 먹는 밥보다 더 좋은 보약은 없다.

Deliciously eat your meal. The meal is a restorative.
There is no better medicine than a hearty meal.

교회 가서 상처를 받았다면
그건 내가 예배를 드릴수 있는
예배당이 있다는 뜻이다.

If I was hurt in the church,

it means that I have a chapel for worship.

예수님은 십자가를 지시고 골고다로 올라가셨으나
구레뇨 시몬은 십자가를 골고다로 날라주었다.
우리가 하는 주의 일은 그저 날라 줄 뿐이다.

Jesus walked up Golgotha with the cross on His back
but all Simon from Cyrene did was to
carry the cross to Golgotha.
Carrying is all we do in doing God's work.

옷이 작아 입을 옷이 없다면 불평할 게 아니라
그동안 잘 먹고 잘 산 것 감사할 일이다.

If there aren't clothes to wear

because they are too tight, don't grumble,

but give thanks for eating and living well.

누가 내 흉보는 소리가 들린다면
그건 내가 아직 귀먹지 않았다는 것이다.

If I can hear someone's slander against me,
it means I am not deaf yet.

크리스천이라면 크리스천 답게 살아라.
그렇지 않으면 크리스천이라고
입도 뻥끗하지 말라.

If you are a Christian, live like one.
If you can't, then, don't speak a word
that you are a Christian.

문을 열어놓고 도둑을 막을 수는 없다.
공항을 열어놓고 중국발 바이러스는
막을 길 없다.

A thief cannot be stopped with doors wide open.

Virus from China cannot be stopped

with the airport open wide.

이웃의 말을 듣는 사람은 이웃집 아저씨고
가까운 사람의 말을 듣는 사람은 친척 아저씨고
국민의 말을 듣는 사람이 대통령이다.
지금 대통령은 친척 아저씨인가.
이웃집 아저씨인가.

A person who listens to his neighbor is

a next-door mister

and who listens to close ones is a relative.

A person who listens

to the entire country is a president.

Is the current president a relative or a next-door mister?

외세의 침략에 의한 식민지보다
내부 세력에 의한 식민지가 더 견디기 힘들다.

Colonization by the foreign powers is more bearable than the colonization by the internal powers.

수고를 해도 헛수고가 있고
고생을 해도 헛고생이 있다.
나이를 먹어도 헛먹을 수 있다.
그래서 나는 외국 브랜드의 피자를 먹지 않는다.
그것마저 헛먹을까봐.

Some efforts and hardships are futile.
Aging can be in vain.
Therefore, I do not eat foreign brand pizzas,
for it may be eaten in vain as well.

간디는 인도의 건설은 경제 건설이 아니라
인격 건설이라고 했다.
그런데 인격 건설은 저절로 되는 것이 아니라
예수가 그 속에 있어야 가능한 것이다.

Gandhi claimed the construction of India

is a construction of personalities, not the economy.

However, the construction of personalities

is not achieved by itself

but becomes possible only through Jesus.

쌍둥이도 세대차가 난다고 한다.
세대차는 극복하는 것이 아니라 끌어 안는 것이다.

The generation gap exists even in between the twins.
The generation gap is not something to overcome
but something to be embraced.

요즘은 맹인들의 시대다.
문맹 컴맹 폰맹

It is the age of the blind.
Letter-blind, Computer-blind, Phone-blind.

술잔에는 술이 넘치고 입에서는 거짓이 넘친다.
넘친 다음엔 둘 다 주워 담을 수가 없다.

Wine overflows from glass and lies overflow from lips.
Once they overflow, it cannot be put back in.

요즘은 선량한 사람과
법을 지키는 자들이 손해를 본다고 생각한다.
생각으로 끝났으면 좋겠다.

I think nowadays good people

and law keepers suffer loss.

I wish this thought just ends in thought.

학교에선 선생님께 배우나
밖에서는 친구에게 배운다.
배울게 많은 친구를 사귀라 그게 재산이다.

People learn from teachers in school
and learn from friends outside.
Make friends whom you can learn from,
that is your fortune.

우리나라에서 영어는 언어가 아니고 재산이다.

In our country,
English is not a language but an asset.

잔꾀를 부리면 대가리가 되지만
지혜를 구하면 머리가 된다.
나는 대가리의 소유자인가 머리의 소유자인가.

Seeking trickery turns you into a nut head
while seeking wisdom turns you into a head.
Am I a nut head or a head?

내 이익만 생각하면 장사꾼이 되지만
타인의 이익을 구하면 성자가 된다.
이왕 살 바엔 성자로 사는 게 어떨까.
이건 내 생각이다.

Only seeking your profit makes you a merchant

but seeking other's benefits turns you into a saint.

How about living this one life as a saint?

It's just what I think.

평범하면서 노력하는 사람이
뛰어나고 노력하지 않는 사람보다
성공 확률이 더 높다.
바로 나 같은 사람이다.

A normal but hardworking person
is more outstanding and has higher chances
of success than a person who makes no effort.
Like me.

IQ보다 GQ가 좋아야 하고
GQ 보다는 mind가 좋아야 한다.
그 이유는 IQ, GQ는 돈이 생기지만
mind는 생명이 생긴다.
IQ, GQ, mind까지 좋으면 금상첨화.
그런데 그런 사람 있을까?

High GQ is better than high IQ
and a good mind is better than a high GQ.
Because IQ and GQ produce money
while the mind produces life.
If IQ and GQ are also good
then that's the icing on the cake.
But is there such a person?

코로나는 원래 우리나라에
처음 택시다운 택시의 이름이다.
그러나 잘못 운전하면 죽음에 이르고
같은 이름의 코로나는 바이러스다.
이것 잘못 관리해도 죽음에 이른다.

Corona was the first real taxi in this country.

If it is improperly driven, it can kill.

Another corona is a virus.

This too can kill if it is improperly managed.

온전한 인간으로 태어나는 사람은 없다.
다만 온전하여지려고 노력할 따름이다.
그래도 온전하여지기는 쉽지 않다.
온전하여지려면 오직 예수 안에서만 가능하다.

No one is born perfect
but we just try to become better.
However, it is not easy.
Perfection is possible only in Jesus.

꼭대기까지 올라간 사람은
내려올 줄도 알아야 한다.
만약 내려올 줄 모르면 꼭대기서 굶어 죽는다.
선 줄로 생각하면 넘어질까 조심도 해야 한다.

A person who climbed to the top

should know how to come down.

If he doesn't, he will starve to death.

처음부터 누워 있는 사람은
넘어질 일도 없지만 넘어질 것 염려해서
안 일어나면 한 발짝도 앞으로 나갈 수 없다.

Although a person lying down cannot fall,
you cannot take a single step forward
if you do not stand, worried that you might fall.

금의 가치는 무게로 결정하고
다이아몬드의 가치는 크기로 결정된다.
내 가치는 뭐로 결정될까.

The gold's value is determined by its weight

and diamond by its size.

What is my value determined by?

삶의 규칙은 유치원에서 다 배운다.
유치원에서 배운 대로 일생을 살아간다면
평생 존경받을 것이다.
유치원에서 배운 대로 사는 것이
유치하게 사는 것이다.
제대로 유치하게 살자.

The rules of life are all learned in preschool.
If you live according to what you have learned there,
you will be respected for a lifetime,
Living as you have learned there is living childishly.
Let's properly live as a preschooler.

나쁜 말을 하는 사람은
나쁜 짓을 안 해도 나쁜 사람이 된다.
나쁜 짓을 하면 더 나쁜 사람이 된다.
나쁜 짓 하는 것을 보고도 못 본 척하는 사람은
진짜 나쁜 사람이다.

A foul-mouthed person becomes wicked

even if he does no wrong.

Misdeed will make him more wicked.

A person who witnesses and ignores a misdeed is

the real wicked one.

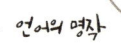

언행일치가 쉽지는 않다.
쉽지 않아도 해야 하는 것이 언행일치다.
사람이 쉬운 것만 하면서 살 수는 없지 않은가.
쉽지 않아도 해야 한다.
특히 자기가 지도자라면 반드시 그래야 한다.

Living up to your words isn't easy.
Yet, you must live up to your words.
A person can't live just doing the easy stuff.
You must do it even if it's not easy.
And even more so, if you are a leader.

함께 했다면 마주는 볼지언정
등을 돌리지는 말자.
왜! 우리는 사람이니까.

If we are together, we should at least face each other

and not turn our backs from one another.

Why! Because we are humans.

세상에서 가장 정직한 것이 몇 개 있다.
거울이 정직하고 흙이 정직하다.
거울은 보인 대로 보여주고 흙은 심은 대로 내어놓는다.
인간의 재료는 흙이다.
그러니 제대로 된 흙이어야 하는데.
요즘 흙이 너무 오염되어 정직하지 못하다.

There are a few most honest things in the world.

Mirror and soil are honest.

A mirror shows what it's shown

and soil returns what it was sown.

Humans are made out of the soil.

Therefore, the soil should be proper, but many of them

are too contaminated and not honest these days.

비밀이 있으면 가지고 있어라.
말하고 싶어 못 견디겠으면 하나님께만 말하라.
하나님은 절대로 남에게 이야기하지 않는다.

If you have a secret, keep it.
If you cannot contain it, spill it out to God.
God will never speak of it to the others.

남부러워하지 않는 비결, 남시기하지 않는 비결은
내가 남의 부러움과 시기의 대상이 되는 것이다.
그러기 위해서는 내가 최고가 되어야 한다.
최고인 사람은 누구를 부러워하지 않고
누구를 시기하지 않는다.

How to avoid envying others.

The key to avoiding envy is to

become the subject of envy and jealousy.

I must become the best to achieve that.

The greatest neither envy nor

becomes jealous of anyone.

나를 깎아내리는 사람과는 함께 하지 말라.
그 사람이 옆에 있으면 항상 기분이 꿀꿀하다.
그런 사람 옆에 있으면 소화도 안 된다.

Don't be with a person who belittles you.
You'll be always gloomy around that person.
An upset stomach is what you get.

땅이나 집을 사고 파는 비결?
비싼 듯해야 내 집 되고
싼 듯해야 내 집 팔 수 있다.
그런데 성사가 안 되는 것은
정반대로 하고 있기 때문이다.

How to buy and sell land or house?
Buy expensively, and the house will be yours.
Sell cheaply, then you can sell your house.
However, the deals never take place
because you are doing it another way round.

네트가 있는 모든 경기는
상대방에게 넘기기만 하면 이기는 것이다.
우리도 이기는 비결이 있다.
내 문제를 하나님께 넘기자.
또 넘어오면 또 넘기고 또 넘기자.
그러면 이기는 것이다.

All sports with the net can be won

if the ball is tossed to the other side.

We also have a secret to victory.

Toss our problems to God. If it comes back to you,

toss it again and again, and then you win.

가진 것이 많으면 비겁해진다.
왜! 잃을 것이 많으니까.
차라리 잃을 때 잃더라도 용기를 내어 보자.
그렇게 못하면 없는 자보다 불행하다.
이보다 더 불행한 자는 잃을 것이 없는데도
용기 없는 비겁한 자이다.

Having much makes you a coward.
Why! Because you have much to lose.
Take courage even if you may risk losing it.
If you cannot, you are less fortunate than the person
who has little. But, a coward without the bravery
and things to lose is the most unfortunate person.

진화론은 사실이 아니고 주장이다.
세상엔 이런 엉터리 주장이 너무 많다.
내가 아무리 보리쌀을 쌀이라고 주장을 해도
쌀이 될 수 없다.
다윈도 나도 인간일 뿐이지 하나님은 아니다.
사실은 오직 성경뿐이다.

The theory of Evolution is not a truth but an opinion.

The world is full of such nonsense.

Barley cannot turn into rice

however much I insist that barley is rice.

Darwin and I are humans, not God.

The only truth is the Bible.

무능한 사람은 알지도 못하고
행하지도 않는 사람이요,
유능한 사람은 알고 행하는 사람이다.
나쁜 사람은 알고도 행하지 않는 사람이다.

One who doesn't know and act is incompetent,

while one who knows and acts is competent.

One who knows but doesn't act is wicked.

사기꾼이 불쌍한 것은
자기도 남을 믿을 수 없는 것이다.

A con man can be pitied because

he also can't trust the others.

세계 거짓말 대회에서
우리 한국 사람이 일등을 했단다.
거짓말 내용은
"나는 평생 거짓말을 한 번도 한 적이 없습니다."
과연 일등 할 만한 거짓말이다.

A Korean won first place in the world liar contest.

The lie was that

"I had never lied in my entire life."

That lie indeed is the first place deserving lie.

어떤 사람은 모든 의견에 반대만 한다.
그러면서 어떤 대안도 없다.
이것은 반대를 위한 반대라고 하는 것이다.

Some objects to all opinions without any alternatives.
This is making objections for the sake of objection.

세상에서 얻는 기쁨을 쾌락이라 말한다면,
주 안에서 얻는 기쁨을 행복이라 말한다.
쾌락은 짧고 행복은 쾌락보다 길다.

Joy from the world is called pleasure,
while joy in the Lord is called happiness.
Pleasure is short and happiness is longer than pleasure.

칭찬은 일전짜리 비행기를 태우는 것이 아니라
보잉 707 점보 여객기 1등석에 태우는 것이다.

Compliment boards that person on the Boeing 707,
first-class, instead of a dollar plane.

유명한 자는 그렇게 흔하지는 않다.
그렇다고 네가 아니라는 것은 아니다.
어느 날 자고 일어났더니,
그게 바로 나였던 것이다.
그러나 저절로 된 것은 아니다.

A famous person is uncommon.//
That doesn't mean you are not famous.//
One day, when I woke up, that person was me.//
However, it wasn't achieved by itself.

핸디캡을 장점으로 바꾸어라.
한 팔 없는 친구가 없는 팔을 자랑한다.
난 이 팔 때문에 예수 믿게 되었다고.
그러면서 이 팔하고 예수님하고 맞바꾸었다여.
엄청난 이득을 보았다며.
조금도 핸디캡으로 여기지 않는다.
누구든지 어깨를 펴고 당당하게 살아라.

Turn handicap into strength.
One-armed friend boasts of his lost arm,
confessing that he believed in Jesus because of it.
He traded his arm with Jesus, tremendously benefited
from it and does not think of it as a handicap.
Everyone should straighten up their shoulders
and live confidently.

집안에서는 절대로 큰소리가 나서는 안 된다.
큰소리는 타인에 심장병을 유발한다.
단 질러야 할 때가 있다.
집안에 불이 났을 때.
그때 지르는 소리는 심장병을 치료하는 효과가 있다.
왜! 소리를 질러 속이 시원하니까!
광장에 가서 소리를 질러라
대한민국! 대한민국! 대한민국!

No loud noises in the house.

It causes cardiac disease in others.

However, sometimes you have to shout

when a fire starts in your house.

Such shouting may help cure the Cardiac disease.

Why! Shouting makes you lighthearted!

Go and shout at the square. Korea! Korea! Korea!

몇 년 사이에 당뇨병?에 걸린
우리나라 젊은이들이 너무 많다.
대통령이 하는 달콤한 말을 너무 많이 먹어서.

Many young Koreans have developed diabetes

over the past few years.

Because they took in too many sweet words

from the president.

마귀의 달력에는 오늘이 없다.
항상 내일로 미루기 때문이다.
마귀가 좋아하는 음악의 장르는 차,차,차이다
뭐든지 다음으로 미루어 차차 하자고 하니까.
그래서 나는 포털 사이트도 다음은 안좋아 한다.

There is no 'today' in the devil's calendar.
It likes to delay things to the "next" day.
The favorite music genre of the devil is
"Cha, Cha, Cha."
It always says let's do it the "next" day, do it later.
That's why I am not fond of the portal site: Daum.

* "Cha-cha" = Korean word for "later on"
* "Daum" = homonym. It can mean either an internet portal site or "next."

너의 입술이 아름답고 싶으냐?
그렇다면 긍정적인 말을 하라.
너의 입술이 예쁜 입술이 되고 싶으냐?
칭찬을 많이 하라.
어떤 색깔의 립스틱을 바른 입술보다
아름답고 예쁠 테니까.
일단 시도해보고 거울을 봐라.
결과는 그 자리에서 나타날 테니까.

Want your lips to be pretty? Speak positively.

Want your lips to be pretty? Make many compliments.

That lip will be prettier than any lipstick colored lips.

Try it and look at the mirror.

You'll witness the result right away.

불행하다고?
아직 행복까지 가는 길일 뿐이지
불행한 것은 아니다.
조금 더 가 봐라
거기서 네 행복이 기다리고 있을 것이다.
저기를 봐. 행복이 손짓하고 있잖아.

Feel unfortunate?

You are not unfortunate but on the way to happiness.

Go a bit further and happiness will be waiting for you.

Look there. Happiness is waving at you.

손에 조그만 구슬을 쥐고 있는 사람은
절대로 그 손으로 큰 것을 가질 수 없을 것이다.
큰 것을 가지고 싶거든 손에든 조그만 것을 놓아라.
나는 이것을 우리 아기한테 배웠다.

A hand holding a tiny marble will
never be able to hold large things.
If you want to hold large things let that tiny thing go.
I learned this from my baby.

세상은 달콤하지만은 않다.
그것은 하나님이 우리가 당뇨 걸릴까봐
때때로 쓴 것도 주시는 것이다.

The world is not always sweet.
God sometimes gives us bitter things
in case we catch diabetes.

세상을 살 때는 희망을 가지고 사는 것이고
천국을 볼 때는 소망을 가지고 사는 것이다.
희망과 소망은 같은 말 같아도
느끼는 뉘앙스는 다르다.

When living in this world, you live with wishes,
and when you look at the heaven you live with hope.
Wish and Hope may look alike
but its nuance feels different.